DE LA LÉGITIMITÉ

DE LA RACE CAPÉTIENNE

ET DE SES AYANTS DROIT

ET

DE LA LÉGITIMITÉ

DE LA RACE NAPOLÉONIENNE

PAR

Le Colonel Baron DE SUARCE

————◦━◗◗◗◗◦————

PARIS

IMPRIMERIE CENTRALE DES CHEMINS DE FER

DE NAPOLÉON CHAIX ET Cᵉ

Rue Bergère, 20, près du boulevard Montmartre

1863

DE LA LÉGITIMITÉ

DE LA RACE CAPÉTIENNE

ET DE SES AYANTS DROIT

ET

DE LA LÉGITIMITÉ

DE LA RACE NAPOLÉONIENNE.

On se souvient que, durant la dernière exposition générale des produits de l'industrie à Londres, les journaux ont rendu compte d'une visite qu'aurait faite Mgr le comte de Chambord à son auguste tante la reine Amélie.

On se souvient aussi qu'alors les journaux des deux rives de la Manche ont vu envahir leurs colonnes, pendant une semaine entière, par le récit très-circonstancié des dires, faits et gestes des membres de la famille de Bourbon, la branche aînée et la branche cadette se trouvant réunies à Londres.

Quelques feuilles ont voulu voir dans cette réunion une sorte de congrès.

D'autres, au contraire, n'y ont vu qu'une rencontre fortuite.

D'autres enfin affirment qu'il existe une si profonde dissidence d'opinions politiques entre les princes des deux branches, que ces princes, de part et d'autre, n'ont pas même manifesté le désir de se voir.

La France s'était peu émue de cette réunion vraie ou supposée, et les événements se succèdent avec une telle rapidité, par le temps qui court, que cet incident était déjà oublié, quand, tout récemment, des feuilles étrangères, entre autres, des feuilles publiées en langue française, ont, à plusieurs reprises, donné place dans leurs colonnes à des dissertations sur la légitimité..... sur les droits dynastiques, etc., etc.

Évidemment, ces dissertations sont autant de réclames à l'adresse des électeurs appelés à voter à l'occasion du prochain renouvellement du Corps législatif.

On sait, au surplus, que ces sortes d'écrits servent presque toujours de mot de ralliement entre les partis les plus opposés, quand il s'agit entre eux de ces hétérogènes et monstrueuses coalitions, dont l'unique but est de démolir ce qui existe, sans trop se préoccuper des moyens à employer pour réédifier.... le lendemain de la démolition.

Certes, de pareilles manœuvres n'ont pas

grande portée, et les millions de votes de la glorieuse époque de 1852 ne feront pas défaut aux amis de l'ordre, particulièrement aux hommes dévoués qui, depuis douze années, ont secondé Sa Majesté l'empereur Napoléon III dans l'œuvre salutaire d'anéantir l'anarchie et de fonder en France un gouvernement qui a résolu, à la fois, le problème de maintenir l'ordre dans l'intérieur et de faire respecter le nom français à l'étranger.

Il n'y a certainement pas à se préoccuper du résultat des élections ; néanmoins, nous pensons que ceux qui ont vu de près les désastres publics et particuliers amenés par les catastrophes révolutionnaires qui se sont succédé en France depuis un demi-siècle, doivent puiser dans leur patriotisme la force de dire hautement la vérité sur les causes de ces révolutions.....

Or, il est impossible de ne pas signaler, comme l'une des principales causes de nos révolutions..... le droit que la maison de Bourbon dit tenir de Dieu et de ses ancêtres..... de régner en souveraine sur la France, et la fatale persévérance que cette illustre maison a mise, depuis soixante-dix ans, à maintenir ce droit..... même, hélas ! avec le secours de l'étranger.

Ajouterons-nous que l'incessant antagonisme de la branche cadette de la maison de Bourbon contre la branche aînée..... antagonisme qui dure depuis près de deux siècles, aggrave encore la situation..... cet antagonisme ayant plusieurs fois été bien funeste à la France!

Toutefois, hâtons-nous de déclarer que nous avons un profond respect pour la royale infortune et les vertus de l'auguste famille de Bourbon, et déclarons, en outre, que la maison de Bourbon remplit un devoir sacré en soutenant avec une infatigable persévérance son droit de régner sur la France..... droit qu'elle a reçu, mandat impératif de transmettre à ses descendants..... droit qu'elle tient du chef de sa race..... du chef de la race capétienne..... de Hugues Capet, enfin!

Mais Hugues Capet lui-même a-t-il possédé le droit de régner sur la France..... légitimement et sans usurpation? En d'autres termes, Hugues Capet, chef de la race capétienne et l'illustre auteur de saint Louis et de la maison de Bourbon.... avait-il reçu de Dieu et de ses ancêtres le droit de régner sur la France? Évidemment, là est la question.....

Les seigneurs étaient déjà si puissants en France à la mort de Charles le Chauve, que Louis II, surnommé le Bègue, fils unique de ce monarque, ne monta sur le trône qu'en payant leurs suffrages par l'abandon des terres qui n'avaient point encore été données en fief à perpétuité; et comme ces terres ne suffisaient pas, il se vit réduit, pour contenter l'avidité de ces seigneurs, à démembrer une grande partie de son propre domaine.

On peut dire avec vérité que dès lors le roi cessa de régner, les seigneurs se trouvèrent être les véritables maîtres du royaume ; le gouvernement politique s'éteignit et fit place au gouvernement féodal.

Si les descendants de Charlemagne continuèrent d'occuper le trône, ce fut pour dépendre de leurs sujets les plus puissants, parmi lesquels, durant les règnes de Charles le Simple, Louis d'Outre-Mer, Lothaire et Louis V, véritables fantômes de roi et, de plus, les derniers rois de la race carlovingienne..... parmi lesquels sujets puissants, disons-nous, brillaient au premier rang par leur habileté, l'éclat de leurs services et leur puissance quasi-royale :

1° Les comtes Eudes et Robert, célèbres par leurs exploits, notamment par leur vaillante et victorieuse défense de Paris contre l'invasion des Normands commandés par l'intrépide Rollon..... devenu, plus tard, le premier duc de Normandie ;

2° Hugues le Grand, le plus habile politique et le premier homme de guerre de son temps ;

3° Hugues Capet, fils de Hugues le Grand, et chef de la race capétienne : lequel Hugues Capet a été élevé au trône de France par le suffrage des principaux seigneurs du royaume réunis *ad hoc*..... à l'exclusion de Charles, duc de Lorraine, l'héritier légitime de la couronne de France, en sa qualité de frère du défunt roi Lothaire et d'oncle du fils unique de ce monarque, Louis V enfin, mort le dernier roi régnant de la race carlovingienne.

Il arriva précisément ce qu'on avait vu à la fin de la première race, c'est-à-dire à l'avénement au trône de Pépin le Bref, chef de la deuxième race de nos rois.

Le sceptre, qui depuis un siècle semblait échapper des mains impuissantes des monarques, passa à une famille valeureuse et possédant de grands fiefs, à une famille que la nation était, de longue main, habituée à respecter; et, comme le remarque l'illustre président de Montesquieu : « La couronne, sous Pépin le Bref, » avait été jointe au plus grand office; sous » Hugues Capet elle fut unie au plus grand » fief. »

Certes, Hugues Capet était digne d'occuper le trône de France, par son mérite et ses services personnels, et surtout par les services qu'avaient rendus au pays ses illustres auteurs Hugues le Grand, le comte Robert, le comte Eudes et autres.

Toutefois, l'impitoyable histoire est là pour constater que le roi Hugues Capet, ce digne chef de la race capétienne, a été un très-illustre usurpateur..... il est vrai! mais enfin qu'il a été un usurpateur.....

Il est donc incontestable que le roi Hugues Capet ne tenait ni de Dieu! ni de ces ancêtres le droit de régner sur la France..... et que son ayant droit, la maison de Bourbon..... ne peut avoir d'autres droits que ceux qu'a eus son glorieux auteur, Hugues Capet, le chef de sa race !

Rappellerons-nous que, lors de l'extinction des héritiers directs de la dynastie de la maison de Valois, notre bon et brave Henri IV, chef de la dynastie des Bourbons, a eu pour compétiteurs au trône de France les ducs de Guise, en leur qualité de princes lorrains, descendants du carlovingien duc Charles de Lorraine, oncle du roi Louis V, etc. ?

On sait que le Béarnais, qui avait à la fois du savoir et du savoir-faire..... a gaillardement tranché cette question de légitimité par sa fine politique et aussi par la bonne trempe de sa valeureuse épée.

Afin de ne pas dépasser les bornes d'un modeste opuscule, nous aborderons très-succinctement la question du droit qu'a la maison de Bourbon de régner sur la France.

Le roi Charles X a été dépossédé du trône de France par un vote de la Chambre des députés de 1830..... ni plus ni moins légalement que n'avait été dépossédé, en 987, le duc Charles de Lorraine, le légitime héritier du dernier roi carlovingien Louis V, son neveu!

La maison d'Orléans, branche cadette de la maison de Bourbon..... ne peut avoir originairement que les droits afférents à cette illustre maison.

La maison d'Orléans avait, en outre, les droits que lui avait conférés le vote de la Chambre des députés de 1830 ; mais ces droits ont été détruits *ipso facto*, en 1848, à l'avénement du gouvernement républicain.

Donc, légalement, la maison de Bourbon n'a aucun droit de régner sur la France. Historiquement, son origine est l'une des plus glorieuses usurpations dont les historiens aient fait mention, mais enfin c'est une usurpation.....

Nous ferons suivre les considérations qui précèdent, d'un simple aperçu sur la fondation de l'empire français et sur la légitimité incontestable et la raison d'être..... de la glorieuse et puissante race napoléonienne !

L'Assemblée constituante de 1789 a coordonné les idées successivement émises par les grands écrivains et les grands penseurs du xviiie siècle.

Cette mémorable assemblée a certainement eu, la première, l'honneur de doter la France des institutions connues de nos jours sous le titre de bienfaits de 89..... mais évidemment l'Assemblée constituante n'a eu ni le temps ni la puissance indispensable pour consolider son œuvre et la rendre pratique.

L'Assemblée législative, qui a succédé à la Constituante, a été trop occupée à démolir les institutions existantes de son temps pour avoir pensé à en édifier de nouvelles.

Quant à la Convention et au Directoire, la guerre d'acharnement que la France avait à soutenir contre l'Europe entière, les forçait à vivre au jour le jour.

Cependant, une contre-révolution pour le rétablissement de la monarchie déchue était imminente sous le Directoire exécutif : les royalistes avaient des intelligences dans toute la France..... même dans l'armée, parmi ses sommités les plus célèbres. C'est ainsi qu'un conciliabule entre le comte de Kinglin, agent du prétendant, et les généraux Moreau et Pichegru, avait eu lieu au château de Plobsheim, chez M. le baron de Salomon, ancien président du parlement d'Alsace.

D'autre part, la conjuration du **18** fructidor atteignait les proportions d'un véritable coup d'État ; cette conjuration avait des affiliés dans le Conseil des Anciens et dans le Conseil des Cinq-Cents, elle en avait même au sein du Directoire ; c'est le victorieux général en chef de l'armée d'Italie, le général Bonaparte, qui déjà avait fait avorter cette conjuration.

Enfin, il est authentiquement prouvé aujourd'hui que le directeur Barras, d'accord avec l'Angleterre et le parti royaliste, était sur le point de livrer la France à la maison de Bourbon..... quand le héros du 18 brumaire..... a providentiellement sauvé à la fois la France et les institutions de 89..... en foudroyant le traître Barras !

Or, dans l'hypothèse du succès de la trahison Barras !

Il est incontestable que les bienfaits de 89, qui, remarquons-le bien, n'étaient encore qu'à l'état de théorie, que les bienfaits de 89, disons-nous, eussent été au moins indéfiniment ajournés..... car il n'y aurait eu à espérer, en ce temps-là, ni une charte octroyée, ni une charte quelconque..... ni la ratification de la vente des biens nationaux, ni rien que ce fût..... hormis le rétablissement de la dîme et du régime féodal !

Donc Napoléon Iᵉʳ a été de fait, par sa glorieuse victoire du 18 brumaire, le véritable fondateur des institutions qui font aujourd'hui l'orgueil de la France et servent de fils conducteurs à la civilisation moderne.

Donc la race napoléonienne a sa raison d'être..... non moins glorieusement que ne l'ont eue la race carlovingienne et la race capétienne..... Il y a plus, la raison d'être..... de la race napoléonienne est plus légitime et surtout plus nationale !

En effet, plus heureux et *incomparablement* plus illustre que Pépin le Bref et Hugues Capet, le chef de la race napoléonienne..... Napoléon Ier a été pur de toute usurpation, et son avénement au trône a conséquemment créé une ère nouvelle pour la France !

Quelques historiens, en vue d'amoindrir la grande figure de Napoléon Ier, ont cherché à accréditer l'opinion que, chez ce grand prince, le conquérant effaçait le monarque, l'éminent organisateur..... le fondateur d'empire..... mais l'histoire est là pour prouver que le vainqueur de Rivoli, Marengo, Wagran, etc., a développé les bienfaits de 89, après les avoir sauvés le 18 brumaire.

C'est, en effet, le Code Napoléon qui a réellement fait les citoyens indistinctement égaux devant la loi.

C'est l'admirable centralisation, due au génie de Napoléon, qui a transformé l'antique et quasi-fédérative monarchie française, en ce corps puissant et homogène qu'on appelle l'Empire français....!

C'est en donnant la puissance et des moyens d'action aux illustres Chaptal, Berthollet, Fourcroy et autres, que Napoléon les a mis à même d'être les promoteurs des immenses progrès faits dans nos arts manufacturiers et industriels, depuis le commencement du XIXe siècle.

C'est enfin Napoléon Ier, personnellement, qui, aidé de l'éminent financier pratique Mollien, a fondé le système financier de la France, qui, aujourd'hui encore, fait l'admiration du monde entier.

Nous courbons notre front devant la Providence, qui, au 2 décembre 1852, a fait choix d'un prince de la race napoléonienne pour anéantir un pouvoir sans nom qui compromettait la dignité de la France et l'existence des bienfaits de 89.

Nous remercions aussi la Providence d'avoir permis que ce même prince devînt Napoléon III, ce puissant génie qui a, tout d'abord, fait si glorieusement reprendre à la France le rang qu'elle a droit d'occuper parmi les nations ; ce puissant génie dont les actes politiques et militaires rappelent à la fois l'héroïsme de César..... et l'habileté d'Auguste.

En effet, à quelle influence doit-on la soudaine régénération de la Russie ?

Qui a fait sortir l'Autriche de sa séculaire immobilité politique ?

Qui a délivré l'Italie de ses oppresseurs, au prix du sang et des trésors de la France ?

Qui a moralement soutenu l'Espagne dans la guerre qu'elle a faite au Maroc, contrairement à l'expresse volonté de l'Angleterre ?

Qui a moralement soutenu la vigoureuse persistance que l'Espagne a mise à se faire indemniser des frais de cette guerre?

Si ce n'est la politique de Napoléon III, et par-dessus-tout son énergique volonté.

PARIS. — IMPRIMERIE CENTRALE DE NAPOLÉON CHAIX ET Cᵉ, RUE BERGÈRE, 20. — 1194